JN410423

만인시인선·41

角北

박기섭 시집

만인사

시인의 말

'角北(뿔의 북쪽)'은 나의 정처다.

환력을 맞아 그 땅의 이름으로 쓴 시조 예순 편을 모아 시집을 묶는다.

시집은 '시의 모음'인 동시에 '시의 집'이다.

한 채 디새집을 꿈꾸었으나, 막상 지어놓고 보니 띠집 한 칸에 지나지 않는다. 애오라지 세상에 와서 집 없이 떠돌던 나의 시들한테 거처를 마련해 준 것으로 지분할 일이다.

지킴인 양 종일을 집안에 틀어박혀 있는가 하면, 더러는 들병이처럼 멀고 가까운 곳을 나대기도 하리라.

바라건대 나의 시들이 시의 집을 들명나명 사람살이에 지친 이들의 눈꺼풀이나 한 번씩 쓰다듬었으면 싶다. 귓밥이나 한 번씩 만졌으면 싶다.

차 례

2 낯선 물웅덩이

3 가을 지에밥

차례

5 물항라 하늘빛

차 례

1

뻐꾸기 소리

角北

봄비

하늘 어느 한갓진 데 국수틀을 걸어 놓고 봄비는 가지런히 면발들을 뽑고 있다

산동네 늦잔칫집에 安南* 색시 오던 날

---

*베트남

角北

뻐꾸기 소리

한나절 뻐꾸기 소리 산등성일 넘어간다

산등성일 넘어가도 그냥은 아니 넘고

골짜기 옹당못물을 물지게로 길어 간다

조붓한 뒷산길을 다시 총총 넘어와서

또 한 짐 물을 지고 산등성일 넘어간다

등 너머 뻐꾸기가 짓는 덕밭뙈기 있나 보다

角北

봄똥

한 섬 가웃쯤의 봄볕을 싣고 와서

낱되로 한 됫박씩 덜어서는 팔고 간다

홀아비 과수댁이 와 품앗이로 팔고 간다

아랫마을 다녀오면 초록이 서 말 석 되

읍내 장을 둘러오면 못물이 또 닷 말 닷 되

그 봄비 친정 온 날은 봄똥을 다 솎았다

角北

한낮

텅 빈 물 드므에 고여 넘치는 고요를

덕 너머 뻐꾸기가 한나절을 받아낸다

웃자란 들깻잎 콩잎 향내서껀 받아낸다

초록도 지친 날은 고요마저 웃자라서

받아내고 받아내도 고대 고여 넘치고

능놀던 물길 한 자락 더디 돌아 나간다

角北

산새 소리

태엽을 감는 듯이 우는 새도 있고
감긴 태엽 푸는 듯이 우는 새도 있지
그렇듯 감으며 풀며 내게로 와 우는 너

어떤 때는 해쑥 같고, 해쑥국 속 해쑥 같고,
어떤 때는 도랑물 같고, 언 도랑 밑 도랑물 같고,
너처럼, 내게 꼭 너처럼, 아니 녹는 잔설 같고

角北

복수초를 위한 시

1

누가 물어내나, 언 몸의 꽃송이를
누가 끄집어내나, 얼음창고 속 얼음의 봄을
온몸이
인화문이네
금상감의 술잔이네

2

세상 어디에도 둘 데 없는 꽃 한 송이
무겁구나, 그 제단에 꽃 한 송이 놓는 일은
그나마 신열이 번져
가래톳이
서는,
꽃

角北

잔설

봄 온 줄 모르고는 산골짝 바위틈에
떠난 줄 알면서도 맘 깊은 갈피 속에

모질게 남아 붙었네

술지게미
몇 줌

角北

봄비, 가을비

봄비는 봄비라서
산개울 빗장을 풀고

거년에 이운 꽃을
다시 물어 올리고

파 고추 모종을 내고
상추씨를 뿌리고

가을비는 가을비라서
눈썹을 적시다 말고

잦아든 봇도랑이
혀짤배기 소리를 하고

깨타작 콩타작을 하고
저녁밥을 안치고

角北

정대 벚꽃

골짜기 바깥쪽엔 하마 다 이운 벚꽃

안 골짝 울담 너멘 시방이 한창이다

봄빛도 안팎을 나눠 품앗이를 하나 보다

바람 없는 꽃그늘에 봄 신명을 지펴 놓고

햇미나리 전을 부쳐 들명나명 하는 녘에

그럴싸 그러한 봄을 피명지명 하나 보다

角北

꽃가지를 물려 놓고

봄볕이 물어내는 찻잎이 곱습니다
雨前에 따낸 잎을 찌고 또 말리느니,
마음도 그렇게 덖으면
찻잎 아니오리까

粉靑 귀얄병에 꽃가지를 물려 놓고*
그저 한두 마디 실금 같은 안부 속에
설핏한 구름 그렁지** 격자창에 어립니다

햇차 햇봉지를 꽃잎마냥 열어 봅니다
찻물이 끓는 동안 마음 따라 끓느니,
세월도 그렇게 뎁히면
찻물 아니오리까

---

*비슬산 기스락에 도예가 이복규가 장작가마를 얹고 산다.

**그림자의 경상도 사투리

角北

오동꽃이 놓친 뜻

댓잎 사운대는 에움길 돌아들면 환한 골짜기 가득 울려 퍼지는 주악, 초록이 초록에 지쳐 북채마저 놓은 곳*

물은 또 물대로 잰걸음을 치다 말고 저마다 하나씩의 등불을 받쳐든 채 웬만큼 쉬어 갈 참인가, 숨 고르는 시늉이고

산벚꽃이 읽던 경을 오동꽃이 받아 읽고 오동꽃이 놓친 뜻을 찔레꽃이 새겨 듣는, 누구나 귀동냥쯤은 덤으로나 하는 곳

*비슬산 자락, 턱진 여울목에 바싹 다가앉은 찻집 茶康山房이 있다.

角北

살구꽃은 필락말락

사람 없는 집에 살구꽃은 필락말락
(그래 흥, 필락말락)
저뭇한 산그늘에 봄비는 들락말락
(그래 흥, 들락말락)
생각은 끊일락이을락 기별은 또 올락말락
(그래 흥, 올락말락)

角北

그 봄비

연푸른 잇자국마다 머위꽃이 피었다

2

낯선 물웅덩이

角北

유월

매미 떼가 유월 한낮을 떠메고 다니다가

개울 바닥에다 메치고 멱 감기고

산발치 깨밭 콩밭에 물도 주고 그런다

물을 주다는 말고 위뜸으로 올라가서

홀어밋집 마당 가에 물동이를 엎어 놓고

웃자란 호박 넝쿨을 울 너머로 보낸다

角北

깨밭에 깨꽃 피면

깨밭에 깨꽃 피면 올 테지 암 올 거야

올 사람은 오고 말고 깨를 찌고 털 때라도

깻단에 무서리 내리면 아니 오고 배기나

명년엔 깨꽃 말고 콩을 심어 콩꽃 보자

콩꽃 벌면 먼 빼꾸기 먹물 실어 놓을 테고

해거름 산그늘로라도 올 사람은 오리니

角北

콩꽃

얘기 다 들었네 비알밭에 콩 심은 거 그냥 에멜무지로 보습 댄 거 아니면서 콩꽃이 피기도 전에 도로 갈아 엎었단 거

꼭 어디 콩농사만 그렇던가 이 가물에 저무는 봇도랑에 따라 마음 저물고 감밭에 감이나 있던가 지레 물러 터지던 거

角北

초록 풍물

초록네 속사정을 내가 다는 모르지만

필시 무슨 곡절이 있기는 있나 보다

그냥은 못 넘어갈 일 법석댈 일 있나 보다

그러께 그끄러께 밀린 새경 받으려고

꼴머슴 상머슴들이 떼로 몰려 온 것 보면

북 장구 꽹과리서껀 풍물 잡혀 논 것 보면

角北

낯선 물웅덩이

큰물이 지자 본래 있던 물웅덩이는 어디론가 떠내려 가고, 개울가에 낯선 물웅덩이 하나가 새로 생겨났다

그 많던 갈겨니 피라미 떼는 다 어디로 갔을까, 늙은 버들치 한 마리만 낯선 물웅덩이 속 낯선 풍경을 여수며 자갈밭에 물린 개울의 젖꼭지를 물었다 뺐다 한다

상류의 자갈밭은 또, 할 수 없는 자갈빛이다

角北

山役을 마치고

그늘이 지나간다
비슬산의
하오 서너 시

하늘 가는 길이
희고 꾸불텅하다

산 넘는
구름 그리메,
한 생애가 지나간다

텅 빈 안 골짝이
쿨룩,
기침을 하는

하오 서너 시쯤의
이른 해거름을

개울에
흙삽을 씻는
사람의 소리 들린다

角北

안개

점령군 사령부의 산중 막사를 지나

계엄하의 산복도로를 서둘러 넘는 새벽

곳곳에 웅크린 짐승의 살냄새가 훅 끼친다

삼엄한 경계망을 뚫고 나온 도랑물들이

숨죽인 긴장 속에 골짜기를 빠져나가고

심하게 구부러진 채 길은 길게 묶여 있다

발치로 내려올수록 연막이 풀리면서

느닷없는 퇴각의 징후들이 감지되더니

어느새 진주한 햇살이 차창 밖에 왜자하다

角北

비슬산 구름

내처 올라가더니 내려올 줄 모르네
비슬산 대견봉 근처 하늘 구만 평은
늦여름 나절가웃을 뭉게구름 농사터라

그 숱한 천둥 번개 작달비 다 그친 뒤
갓 맑은 하늘 둔덕에 연신 고랑을 내며
가으내 온 산을 헹굴 쪽농사를 짓느니

관기봉 조화봉 쪽을 넘어가다는 말고
곁눈질로 슬쩍 한번 돌아보는 한순간에
아뿔싸, 노을에 붙들려 몸을 다 태운 구름도 있네

角北

그릇 환유

1

흙반죽을 치대다 말고 멀거니 밖을 본다
엊그제 눈맞춰 둔 달이 또 돋는 게다
뻔히 다 아는 눈치다
그 볼기짝
흙자국

2

환원염의 불가마 속, 결빙의 고요가 있다

참다 참다 더는 못 참을 전신 발열 끝에 온몸에 실금을 머금는 그릇의 아픔을 아는가

3

탈 것 다 타고 재마저 다 타버린 완전 연소의, 그 박모 속의 알몸

그릇은 태어나는 순간
완벽하게
깨어진다

4

흙으로 빚었기에 흙의 몸이었다
불로 구웠기에 불의 피가 흘렀다
그것은 소슬한 환유,
너는 나의
그릇이었다

角北

유등 연지

못가엔 못물의 때 눈가엔 눈물의 때

연잎이 밤새도록 잡아당겨 놓았다가 아침에 하늘로 다시 올려 보내는… 고요

그 고요의 한 자락을 물오리가 물고 간다

한목에 일고여덟 꽃송이를 밀어내느라 못물도 기진했던가, 등솔기가 터진다

角北

그 절집

雲興寺 추녀 끝에 구름은 '운흥'하고
湧泉寺 처마 밑에 샘물은 '용천'한데
그 사이 당길 듯 밀 듯 재는 높아 '헐티'라네

배내미 음지마 쪽 는개는 다 구름 되고
치실 쇠실 솔안 마을 이슬은 또 샘물 되리
그 절집 삼이웃 모여 절하는 뜻 알겠고

3

가을 지에밥

角北

가을 지에밥

가을은 해년마다 돗바늘을 들고 와서

촘촘히 한 땀 한 땀 온 들녘을 누벼 간다

봇물이 위뜸 아래뜸 고요를 먹이고 있다

절인 고등어 같은 하오의 시간 끝에

하늘은 또 하늘대로 지에밥을 지어놓고

수척한 콩밭 둔덕에 두레상을 놓는다

角北

무엇이 내게 더 남아

남향 툇마루 끝 하늘소금 단지 말고

풀억새 흐느끼는 가을 나주별 말고

무엇이 내게 더 남아 사무치게 할 것인가

석유 등잔불 밑 금 간 놋요강 말고

자주댕기 풀어 놓던 한로 상강 말고

또 무슨 기막힌 상사가 눈 귀 멀게 할 것인가

角北

들녘의 편지

팔만의 장경에도 마음 하나 둘 데 없어

저 들녘 금물을 찍어 한 자 한 자 쓰는 편지

윗내가 받아 읽다가 아랫내에 넘긴다

넘긴 편지 구절 따라 봇물은 또 잦추고

가으내 천수답이 풀어내는 천수경을

윗물이 받아 읊다가 아랫물에 넘긴다

角北

장자, 가을을 읽다

짧은 산그늘을 허리께에 끌어다 덮고

구름 농사를 짓고 장자나 읽으면서

비 그친 둑방 저쪽의 흰 염소 떼 보며 산다

이따금 흰 염소 떼 산 쪽을 보며 울고

장자 내편 혹은 외편 어디에도 없는 가을

그 가을 시오리 에움길 걸어서 온 구절초

角北

가을 內篇

헐벗은 채로나마 오기는 오려나 보다 잔칫집 아니라도 국밥들을 말아 놓고 산비알 강시울서껀 피멍 잦는 것 보면

그 모진 천둥 번개 죽지뼈 다 부러지고 풍물 잡혀 지분대던 풀빛마저 시들픈데 종없이 시시덕대며 떠날 채빈 것 보면

角北

가을 外篇

이제 또 시작이다, 처절한 살육의 제전

헛된 집착의 잔뼈가 으스러지고

수척한 생의 말미에 칼자국이 낭자하다

어혈 든 기억들을 편육처럼 썰어내며

슬픔에 혀를 박은 채 말라가는 슬픔의 혀

투명한 유리잔 가득 썩은 과즙이 고인다

길이 길을 잡아당겨 모서리가 구겨지고

텅 빈 강의 수심은 텅 빈 채로 깊어간다

지상의 마지막 햇볕이 귓바퀴에 붐빌 때

角北

가을 洞口

방물차에 실려왔던 뜬소문은 간 데 없고 몇 켤레 코고무신 양지쪽에 나앉았네

온 동네 이불 홑청을 뜯어 말리는 가을

角北

비슬산 그늘

동남쪽 사면이다
그늘이 내려간다
용마루 처마를 지나 마당까지 내려간다
천천히 마당을 지나 개울까지 내려간다
두어 번 망설이다 산문을 나서는 물
기슭을 내려갈수록
다급해지는
물의 낙차
비슬산 커다란 귀가
새로 한 번 접힌다
못물이 저녁빛을 자꾸 잡아 당기더니
들에는 늦벼 익는 기척들로 가득하고
먼 곳에 불이 켜진다
길 밖에 막
당도한 길

角北

한로

매미가 끌고 가는 길의 끝은 어디일까

노구의 각막을 덮어오는 어둠살이여

끌고 온 노래의 관절이 바스러지는 한로

角北

저녁 과수밭

사과를 따는 날은 민상여가 나갔다

슬픔의 한복판에 다투듯 내건 등을 하나씩 안아서 거둔다, 휑한 마음의 곳간에

올 따라 까치밥도 못 남길 작황이라고 지써 지분대던 과수댁도 돌아가고

잎 다 진 비알밭 둔덕에 희뜩퍼뜩 저녁 눈발

출하를 하는 날은 안사돈이 다녀갔다

맞갖네, 맞갖잖네, 엇박을 놓더라도 삭치고 에우지 못할 목숨값은 또 남는가

角北

더 갈 데 없는 가을

더 갈 데 없는 가을이 우리 동네 다 모였다

얻어 온 묘사떡을 한입씩 노나먹고 멀거니 먼 산 바라다 멀거니 쏟는 재채기, 쏟는 재채기 끝에 불길이 확 번지더니 콩밭도 과수밭도 그예 다 타붙었다

집집이 날리는 불티를 감추지도 못했다

角北

우리 집 으능나무

우리 집 으능나무가 귀 기울여 듣는 것은,
내가 그냥 무덤덤히 귓전으로 흘려버린 나직한 물소리입니다, 그런 나절가웃입니다

바람 부는 날은 잎잎이 공양이더니
하늘 제단 위에 만등을 걸어 놓고
서 있는 그냥 그대로 필생입니다, 장엄입니다

늦저녁 으능나무에 비가 묻어 내립니다
세상 진창 곳곳을 맨발로 떠돌던 비
여기 와 다 내립니다, 그나마도 장엄입니다

우리 집 으능나무가 눈여겨 또 보는 것은,
아랫녘 과수댁이 홀앗이로 거두어 가는 산비알 따비밭입니다, 그 밭두둑 콩빛입니다

角北

가을 다랑논

세상에 황금 빛깔을 그중 좋이 내는 것은
뼘가웃 천둥지기 논배미에 가득 실린
우리네 시장기라네, 헛헛한 그 대물림의

이맘때면 다랑논을 도마 위에 뉘어 놓고
바람은 쑹덩쑹덩 칼집을 내는 것을,
양념에 고명을 놓아 버무려 낼 요량으로

아무렴, 그 요량 끝에 철이 들 건 철이 들고
삼이웃이 노나 쓰는 가을볕도 품앗이라
한바탕 풍물을 잡혀 새떼라도 볼 참인가

4

벼랑이 곧 길이어니

角北

艾年

쉰의 이쪽에서 문득 건너다보는 늦마흔 저쪽 풍경의
눈부신 억새밭이여

角北

소한날

넝쿨을
따라나섰네

애동내기
호박 하나

감나무
높가지 끝

길 없는
허공선방

쭈그렁
나한이 되어

바람 속에
나앉았네

角北

下半

달을 보고 짖는 개는 神性을 짖는 거라고,

下半의 서릿발에
꿈도 잠도 멀어

한밤에
마당 가에 나와

달을 보는
나이

角北

눈

1

角北에 눈이 왔다, 뿔이 다 젖었다

행여나 귀 밝은 눈이 눈치라도 챌까 보아

햇볕을 조리차하여 언 콧등을 녹인다

그렇듯 한동안은 음각의 풍경 속에

마을도 과수밭도 앞섶을 징거맨 채

안으로 번지는 먹물을 닦아 내는 시늉이다

2

풍경이 다 지워졌다, 백색의 암흑이다

겉장을 뜯지 않은 천연의 공책 한 권

먼 데서 경운기 소리가 한 모서릴 찢고 간다

밤새 흐르지 않고 두런대던 골짝물들이

얼결에 생각난 듯 빈 공책을 당기더니

썼다간 찢어 버리고 찢었다간 다시 쓴다

角北

生의 來生

해 질 녘
산의 귀는
서쪽으로 열려 있다

겨울의 접경쯤에
당도한
生의 來生

가으내
靑玉을 캐던
사내들도 다 떠났다

솔 푸른 이내 속에
누군가
부르는 소리

푸석한
강냉잇대

따라 마음 서걱이고

빈 논의 바큇자국에
먹서리가
내렸다

角北

눈의 詩經

밤새 詩三百을 다 써 놓고 가버린 눈

하마 아직아래 햇살 과객 떼로 와서

그 시들 까부르느라 키질 한창입니다

아껴 쓸 가편들은 댓그늘에 숨겨두고

솔수풀 높가지에 걸어 놓은 구절부터

혀끝에 녹여내느라 군침 가득 돕니다

角北

벼랑이 곧 길이어니

새는, 지상의 길을 자신의 비행거리만큼 끊어서 물고 나른다, 길이 곧 벼랑이어니

새 지난 하늘의 흙빛, 벼랑이 곧 길이어니

角北

산밭 까치밥

1
초겨울 찬 하늘을
온전히 떠받치는 것은

두어서넛
덩그러니

산밭
까치밥이네

그 실상 까막까치가 와
쪼아먹건 말건

2
성긴 내 눈썹은
또 몇 마장 억새풀인가

한사코 먼 둑길을
당겼다 놓았다 하던

마음도
그렇게 저무네

하늘가에
덩그러니

3
해거름을 끌고 오는
낡은 경운기 소리

더 남아 부신 것은
못물 빛에나 주고

빛바랜
조등이 하나

바람 속에
덩그러니

角北

'꼭지'에 관한 세 개의 연상

1

가을볕의 젖꼭지도 다 빨기 나름이라 붉은 건 붉은 판에 누런 건 또 누렇거든

여태껏 초록의 빨대를 질겅거리는 것도 있고

2

꼭지를 놓지 못한 채 쭈그러든 감을 본다

下半의, 젖 다 빨린 하반의 젖무덤 같다

단물이 빠져나간 자리 저리 선연한 잇자국

3

아는가, 뉘 눈썹에 말라붙은 그 사랑을

성긴 가지 끝에 두어서넛 까치밥 같은, 언 채로 꼭지를 못 버린 그 가혹한 사랑을

角北

겨울 아침

대빗자루로 눈을 쓸어 본 이는 안다 밤새 잣눈이 내려 세속의 길이란 길을 다 끊어버린 겨울 아침, 대빗자루로 눈을 쓸어 본 이는 안다

청대숲으로도 청대숲을 흔들던 바람으로도 안 되고, 애오라지 대빗자루만이 대빗자루만이 할 수 있는 일이 세상에는, 아니 겨울 아침에는 있다는 것을

별뉘에 성긴 턱수염이나 고르고 있을 수만은 없는, 참말 못하게는 막막하고 막막하게는 말 못할 일이 세상에는, 아니 겨울 아침에는 있다는 것을

角北

새 발자국

나뭇가지에서 나뭇가지로 이어진 길 위에 기척을 낸 새 발자국만큼 神性에 가까운 것은 없다

발목이 발간 어린 새들은 하마 아직알부터 맨발로 숫눈 길을 걸어 神의 심부름을 다녀갔을 것이다

그 산속 옹당못 가에 쪼로미 찍힌 새 발자국

5

물항라 하늘빛

角北

분청 인화 무늬

분청 인화 무늬라니 그냥 그런 꽃이려니 그냥 그런 꽃이려니 그러려니 했던 것이 구절초 쑥부쟁이서껀 그게 그런 꽃인 줄은

그게 그런 꽃인 줄은 그런 가을 꽃인 줄은 구절초 쑥부쟁이 그런 가을 꽃 보고는 안다 잿물에 덤벙 담갔다 덤벙 건진 꽃인 줄은

덤벙 건진 꽃인 줄은 그게 그런 꽃인 줄은 하늘가에 걸어 놓은 망댕이 가마 한 채 그 가마 하늬녘에 부신 가을 나주별 보고는 안다

가을 나주별 보고는 안다 그 하냥 눈물 글썽한 그 분청 그 항아리 그게 그런 별인 줄은 지천명 서릿길에 환한 귀얄 자국 보고는 안다

어제 그제 아니라 그러께 그끄러께 너 내게 보낸 편지 그게 가을 별인 줄은 그 편지 겉봉에 남은 귀얄 자국 보고는 안다

角北

물항라 하늘빛

그대 보았는가, 맑음도 그냥 예사 맑음 아니라 쪽물 드므에서 갓 건져 올려 갈볕에 한 사날 잘 말린 물항라 하늘빛 그 쪽빛의 맑음을

보았는가 그대, 그냥 그 맑음만도 푸르름만도 아닌, 거짓말만도 참말만도 아닌, 갈볕에 잘 말려 짯짯한 물항라 하늘빛 그 쪽빛의 그리움을

또 그냥 그것만도 아닌, 먼 천둥 같은 그리움을

角北

살구나무傳

이장집 묵밭에서 옮겨 심은 살구나무 이태를 드문드문 눈치꽃만 피우더니 올따라 가지가 휘도록 꽃지짐을 놓았네 새 땅내 맡기까지 그렇게 석삼년을 나무도 더듬더듬 낯가림을 한 것일까 그네 집 묵은 장맛도 풍길 만큼은 풍기면서

角北

봄, 길가게

햇미나리 돈을 사야
홀시어메 봉양하제
시절도 무심할사
하는 족족 빗만 지고
그 양반 집 떠난 지도
하마 십 년 세월이네

뭐라카노, 저 여편네
봄볕 속에 나앉아서
푸념은 무슨 푸념
그냥 신세 타령이제
겉 보고 짠하다 애꿎다
그런 말은 아예 말게

툭 하믄 어질머리로
몸져누운 봄일망정
노상 겨울 윗목

그 냉골에 비할라꼬
돌너덜 가시구렁도
갈 만하믄 가는 거제

角北

솥 떼고 삼 년

그래, 대처 살기 얼마나 각다분혀 에끼고 덧게비치고 그럴 것이 무에 있나 힘들믄 다 접어불고 후딱 내려오게나

먹고프다 먹고픈 걸 어찌 다 먹고 살고 하고프다 하고픈 걸 어찌 다 하고 사노 소잡은 목구녕으로다 개와집이 넘어간단디 그게 다 헛거민 줄 자네 정녕 모르겠는가 눈먼 굉이 갈밭 매드키 짜드라 나댄다고 코에 걸 그 무슨 횡재가 생길 것도 아니고

오게나, 분답시리 게서 그러질 말고 여긴 자네 태 묻은 곳 뼈 묻을 곳 아닌가 솥 떼고 삼 년이라더만 자네가 꼭 그 맛잡이네

角北

우리 동네 목수 김씨

딱히 가 볼 데도 오라는 데도 없는, 녹슨 쇠빗장의 정이월 아침입니다 아내는 산길 칠십 리 날품 팔러 갑니다

문패는 무슨 문패 울도 담도 없는, 산자락 개울 가에 솥 건 지 하마 십 년 한사코 구부러지는 먹줄 밖의 생인 것을

각목에 못질하던 세월마저 물집 잡혀 톱밥 대팻밥 속에 먹통 놓은 목수 김씨 아내가 앓다 간 자리 도로 누워 봅니다

角北

나락밭에 제비

내가 꼭 큰소릴 혀야 늬놈이 알아 듣겄냐 시방 귓구녕에 소캐뭉티길 처박았냐 사람이 사람의 말귀를 어찌 그코롬 못 알아 듣노

내가 본시 여자라카마 나락밭에 제비 앙이가 애꿎은 사람 델다가 무슨 그런 억척이 있노 내 속이 이코롬 타는데 뭣이 어째, 생트집?

척카마 삼척이고 떡카마 찰떡이제 생각은 놔뒀다가 다 얻다 쓸라카노 꼭 그리 한 숟갈 푹 떠서 머어 봐야 알겄냐

角北

묵내기 화투판

내외종 아니면 재종쯤의 피붙이로 묵내기 화투판에 개평은 무슨 개평, 뜯어서 논마지기라도 부친다면 또 모를까

아무려면, 남의 말도 들을 때는 들어야지 묵밭 부쳐 밥술이나 뜨는갑다 싶더니만 풍각장 뜬계집이랑 정분 날 건 또 뭐꼬?

묵내기 화투판도 시들하면 어떡하노 비슬산 안골짜기 산가재나 건지는 게지 꽃지짐 곁들여 놓고 시장기도 달래면서

角北

덕촌댁 만가

덕촌댁 아지매는 밭덤불에 묻었는데
(오냐, 오냐, 밭덤불에 묻었는데)
무덤을 덮은 흙이 마르지도 않았는데
(그래, 그래, 마르지도 않았는데)
그 영감 후실감 데불고 감을 따네, 어화둥

—간다 간다 나는 간다 황천길을 나는 간다
—불쌍하면 무엇 허고 가련하면 무엇 허나
—백년 집 하직을 허고 만년 집을 찾아간다*

아지매 살아 생전 홀시어미 모셨거든
(오냐, 오냐, 홀시어미 모셨거든)
육남매 자식 보아 끈 붙여 보냈거든
(그래, 그래, 끈 붙여 보냈거든)
죽어서 이 무슨 시앗의 호강인가, 우라질

---

*상엿소리 패러디

—어딜 가노 어딜 가노 목숨 두고 어딜 가노
—움이 돋나 싹이 나나 한번 가면 고만이라
—꽃 피어 화산이 되고 잎이 피어 청산된들*

角北

수월댁 푸념

*

아따, 그 버들 휘휘 잘 늘어졌다
물가 버들 보고는 혼잣말로 또 그런다
세상에, 여자로 와서 버들도 한 번 못 돼 보고…

*

햇가죽잎 따다가는 고추장에 버무려 놓고
오오냐, 그래 그래, 시할머니 살아 생전
저물녘 못물 빛 같다 허기 같다 여긴다

*

배춧단을 머리에 이고 자드락길 가다 말고
올따라 무만 심은 아시동생 생각에
배추쌈 배추고갱이가 목에 넘어 가야지, 원

角北

글타 크믄 그런 줄은

그것이 꿈이라믄 꿈인갑다 여기고요 또 막상 생시라믄 생시구나 할밖에요 장날도 무싯날처럼 무싯날도 장날처럼

낼 모레 글피나 그저께 그끄저께나 명년 내명년이나 그러께 그끄러께나 언짢타 언짢탈 것가 무던타고 무던탈 것가

글타크믄 그런 줄은 나도 알긴 알지러요 글키는 하다마는 그게 또 글쿠먼요 이저승 어디를 간들 산첩첩에 물첩첩인 걸

角北

시 몇 줄 시답잖이

시 몇 줄 시답잖이 세상에 던져 놓고 그저 흥, 콧방귀 다 알 건 다 안다는 듯

안다고? 알긴 뭘 알아 제 코밑도 못 닦고선

그 시 몇 줄 눈발처럼 장바닥을 떠돌다가 어느 시궁창에 처박힌 줄도 모르고

칼 하나 거꾸로 박혔다 떨어지는 줄도 모르고

| 시인의 산문 |

뿔의 북쪽에 살면서

•흰 흩것의 풍경

'뿔의 북쪽(角北)'은 내가 정처로 삼은 곳이다. 대구 쪽에서 가자면 가창댐을 지나 헐티재를 넘어야 한다. 헐티재는 '티'자가 붙은 만큼 험한 길의 굴곡을 품은 고개다. 그 너머에 각북이 있다. 각북은 'ㄱ'받침이 겹치면서 뭔가 앞이 콱 막히는 느낌이 들 정도로 산골의 정취가 담뿍하다. 뿔의 북쪽, 결코 간단치 않은 그 지명의 상징성이 마음을 끈다. '은일隱逸'이나 '은적隱迹'과 연결됨직한, 겉가량으로는 쉬 가늠하기 힘든 어떤 속내평이 짚이는 까닭이다.

어쨌거나 헐티재는 숨이 막힐 지경의 안개가 자주 진을 친다. 그럴 때면 잗단 일상의 사념들은 마음 한쪽에 개켜 둘 수밖에 없다. 모롱이와 모롱이를 종잡는 감각에 기대 차를 몰면서 안개의 호흡과 기미를 살펴야 하는 것이다. 미묘하게 뒤섞인 감정이 맺혔다 풀리고, 풀렸다 다

시 맺히며 구절양장의 고갯길을 넘는다. 숨죽인 긴장 속에 풀숲은 연신 짐승의 살냄새를 훅 끼친다. 잘 다져진 길바닥조차 어쩐지 언틀먼틀한 느낌이다. 창밖에 햇살이 왜자하게 퍼져 내리면 비로소 심하게 구부러진 채 묶여 있던 길이 풀린다. 안개도 햇살도 숨가쁜 생명의 몸짓이긴 마찬가지다.

각북은 비슬산琵瑟山의 동남쪽 사면이다. 어깨를 겯고 휘달리던 산줄기들이 햇볕 잘 드는 곳이면 어김없이 내려와 마을을 감싸고, 골짝 골짝마다 시냇물을 흘려 보내 논밭을 베푼다. 그 터앝에 숱한 피붙이 살붙이랑 각성바지들이 한데 얼려 살아간다. 산에 그늘이 오듯 가끔은 살던 이들이 죽어 흰 홑것이 억새풀처럼 바람에 나부끼는 산역의 풍경이 눈에 든다. 이른 해거름에 보는 그 풍경은 차라리 눈물겨운 수묵빛이다.

사람의 혼백은 양인 혼과 음인 백의 결합이다. 그래서 죽은 이의 혼은 양의 기운을 가진 하늘로, 백은 음의 성질을 띤 땅으로 돌아간다. 초혼이 하늘로 간 넋을 부르는 일이라면, 산역은 땅으로 가는 몸을 묻는 일이다. 삶과 죽음의 어름을 흐르는 개울물에 산역꾼들이 흙삽을 씻는다. 산을 내려오는 사람들의 등뒤에서 텅 빈 안 골짝이 쿨룩, 기침을 한다. 사람들이 다 내려온 뒤에도 붉은 먼지 이는 산턱에 한동안 흰 홑것의 풍경이 머문다.

•가믈 현玄의 꿈

애년艾年을 맞으면서 오랜 업인의 도시를 떠났다. 딴은 옛글에서 보던 미음완보微吟緩步나 소요음영逍遙吟詠의 꿈을 좇아 적잖이 발품을 판 뒤의 일이다. 그렇다고 이백이 저 「산중문답山中問答」에서 노래한 비인간非人間의 별유천지別有天地와는 애시당초 거리가 멀고, 그저 도시 언저리에다 말뚝 하나를 박은 터수다. 세속의 끈을 마저 놓지 못한 탓이다. 그러구러 찾아 든 각북의 비슬산 자락은 잠적하기도 하려니와, 물도 바람도 자못 청량한 곳이다.

각북은 그냥 각북일 테지만, 그것이 시의 머리에 얹히는 순간 하나의 상징이 된다. 그럴 때 각북의 고유성은 도처에 존재하는 보편성으로 몸바꿈을 하는 것이다. 일테면 충청도 보은 땅도 각북이 되고, 전라도 구례 땅도 각북이 된다는 말이다. 당연히 그곳의 속리산이나 지리산도 이곳 비슬산의 다른 이름일 수 있다. 토착 정서가 창조의 개성으로 발현될 때 우주의 착색도 가능하다고 본다. 각북이 각북으로 오롯한 데서 나의 시는 그만큼 넉넉한 자양을 얻는다.

비슬산의 안 골짝이 뿜는 갈매도 좋지만, 들길 마을길에 붐비는 야취 또한 그에 못지 않다. 조선솔들이 빼곡한 골짜기 골짜기마다 아침 안개며 저녁 는개가 머금은 아청鴉靑은 더욱 좋다. 그것은 가믈(검을) 현玄과 통

한다. 한 빛으로 보이나, 실상은 이미 오채를 품은 현현함이 있다. 검은색은 흰색과 가장 멀다. 그러나 가장 멀기 때문에 가장 가깝다. 흰색이 모든 색의 시발이라면 검은색은 종착이다. 흰 데서 검은 것이 나오고, 검은 데서 흰 것이 나온다.

시조는 절제와 균형의 미학이다. 자연스럽되 여운이 있고, 여운을 거느리되 자연스러워야 한다. 무한히 생동하는 여운 속에 가락의 자연스러움을 이루는 것이 요체다. 절제와 함축의 서늘함이 행간의 요적을 낳고, 또 거기서 고고한 격조가 생긴다. 별빛이 총총할수록 그 별빛 너머의 어둠은 더 깊다. 나의 시는 별빛 총총한 각북의 밤하늘이 주는 가없이 아득하고 깊은 '가믈 玄'의 세계를 꿈꾼다.

내가 사는 집에는 구절초가 늦은 꽃잎을 물고 있고, 마당 가에 두어 그루 개복사나무가 서 있다. 본디부터 이 터에서 살던 으능나무에는 올해 처음으로 까치가 둥우리를 얹었다. 곁을 흐르는 개울은 물론이고, 위아래 골짜기를 오가는 바람과 구름까지도 다 으능의 터앝이다. 부신 생각들을 놓친 채 끌탕만 일삼는 날, 나는 그들이 물어내는 시를 슬몃 받아 적기도 한다. 問余何事棲碧山 笑而不答心自閑.

• 시간 위의 꽃

시조는 품격의 미학을 지향하는 시가 형식이다. 정제된 심상과 율격이 빚어내는 고고한 격조. 그것은 기교 이전의 기교, 표현을 넘어선 표현만이 열어갈 수 있는 정신의 경지인지도 모른다. 취택된 언어와 언어들이 서로 부대끼고 어우러지며 빚어내는 고졸한 유희가 정신의 그윽한 경지를 이끈다. 췌사와 사변, 욕심과 인위를 떨치지 못하고선 그저 그 들목을 잠깐 적시다 가는 빗방울이 되기 일쑤다. 시조의 품격은 흔히 자연스러운 가락의 운용이 좌우하거니와, 그 행간에는 늘 안개와 바람, 강물과 풀밭이 풀려 있기 마련이다.

쥘부채의 접히는 부분은 그만큼 붓놀리기가 쉽지 않다. 그 붓놀림을 두고 마치 미인이 기왓조각 더미 위를 걸어가는 것과 같다고 한 옛사람의 비유는 얼마나 신선한가. 골기와 운필의 묘리는 바로 이런 것이다. 대상을 구속하지 않고 풀어 놓되, 다른 한편으로는 그것을 다 잡아 죄는 정서의 통어가 가능할 때 비로소 새로운 감동의 영역을 열어갈 수 있다.

시골살이를 하다 보면 자연의 변화가 참 예사롭지 않다. 일테면 꽃이 피는 차례만 해도 그렇다. 언뜻 보면 한꺼번에 왁자하게 다투어 피는 것 같지만 그게 그렇지 않다. 매화와 산수유, 산수유와 물앵두, 물앵두와 산벚나무가 꽃 피우는 시간이 다 따로 있다. 이런 미묘하고도 분명한 시간의 경계 위에서 매화와 물앵두는 그 나름의 빛깔을 띠고, 산수유와 산벚나무는 또 그 나름의 향내를 갖게 된다. 시를 쓰는 이들이 제가끔의 사유와 감각을 체화함으로써 그것이 문체의 개성이 되고, 또 그런 정신의 풍경이 되는 것도 이와 다르지 않다.

꽃이 시간 위의 시라면, 시는 그 시간 위의 꽃이다.

• 땟물을 찾아

틈만 나면 우리 것을 찾아 나선다. 물론 옛것이다. 처음엔 그저 그러려니 했던 것이 언제부턴가는 그런 터수를 넘었다. 아예 일상의 한 부분이 되었다고나 할까. 그쪽에 시간의 더께가 앉으면서, 모으고 간추리는 일이 곧 문화를 가꾸는 삶의 방식이라는 데까지 생각이 미치게 되었다. 가당찮다면 참 가당찮은 생각의 굳은살이 박인 것이다.

기껏 품을 들이고 시간을 쪼개 모은 것이래야 시쳇말로 '돈 안 되는' 섭치가 대부분이다. 횡재수가 트이기보다는 봉패하기 일쑤다. 하지만 그것들을 모을 때 거저 얻은 것은 드물고, 비록 하찮다 할지라도 다 제값을 치렀다. 고동古董가에는 제돈 주고 사 봐야 제 값어치를 안다는 말이 있다. 출혈이 따르면 따르는 만큼 그 물건에

애착이 생기는 법이다.

'땟물이 좋다'는 말은 애오라지 이 세계에서만 통하는 말이리라. 땟물(때깔이 아니고)이 좋다니? 씻고 닦아야 할 땟물을 외려 귀히 여기는 속내를 어찌 받아들여야 하나. 한데 그 말 속에 드리운 생각의 그늘은 뜻밖으로 깊다. 이슥히 한 곳으로 발을 들여야 비로소 알아차릴 수 있는, 일종의 금언 같은 것이다. 그렇게 묵은 것에 마음을 뺏기고, 낡은 것에 값을 매기는 데서 다른 무엇에 비할 길 없는 쾌미를 느낀다. 그래서 이쪽에 한번 빠지면 쉬 발을 떼지 못하나 보다.

고동이 거느리는 정신의 몽리면적을 가늠하기는 쉽지 않다. 보고 겪지 않고는 어림치거나 종잡을 수 없는 것이 이 세계다. 내가 쓰는 시조에도 이왕이면 선뜻 값을 치기 힘든 사유의 땟물이 앉기를 바란다. '땟물이 좋다'는 소리를 듣는 일만큼 생광스런 노릇이 또 있으랴. 땟물은 각고와 절마의 잔흔이다. 시조의 땟물은 시조의 품격과 다를 바 없다.

•집으로 가는 길

집으로 가는 길에 난데없는 달이 차창에 걸린다. 언뜻 보아 보름을 갓 지난 성싶다. 달이사 늘 제 길을 가고 제 본디 모습으로 떠 있을 뿐이건만, 무심한 내 눈에 그냥 그렇게 '느닷없이' 비치는 것이다. 산 모롱이를 돌고 에움길을 꺾어 오를 때까지도 달은 줄창 차창을 떠나지 않는다. 몇 구비를 더 휘감아 돌자 이윽고 잿마루다. 이쯤 되면 더는 어쩔 도리가 없다. 그냥 시동을 끄고 내려설 수밖에는.

밤의 숲 내음이 비슬산 깊은 골짜기로부터 는개처럼 퍼져 오른다. 어느새 비좁은 차창을 빠져 나와 반나마 빈 공중에 가 앉은 달. 좀 전까지 내 눈길을 붙들고 온 기색이라곤 전혀 없다. 아주 딴청이다. 딴청을 부려도 내 속말은 다 알아듣는 눈치다. 꼬깃꼬깃 구겨둔 마음을 끄집어내 빨래처럼 넌다. 달빛에 헹구는 마음 빨래다.

몇 날 며칠을 두고 지짐거리던 비에 갇혔다 놓여난 탓일까. 달빛이 뿜어내는 풍경의 맛은 청량하고 그윽하기 이를 데 없다. 어디선가 잘 빚은 송기떡 내음이라도 번져 올 것만 같다. 코끝이 간질거린다. 세속의 일들을 웬만큼은 부려 놓고 그렇게 한참을 바장인다. 얼마쯤의 시간이 흘렀을까. 내 속의 닫힌 창이 훤히 들여다보이는가 싶더니 이내 한기가 든다.

이제 그만 일어나야지. 툴툴 한기를 털며 시동을 건다. 내게 더 남은 세속의 길을 허위허위 내려간다. 길은 내리막이다. 내리막길은 언제 봐도 할말을 꾹 참고 있는 기색이다. 그새 더 높이 오른 달을 곁눈질하면서 또 한

솔기를 돌아간다. 댓가지건 솔가지건 걸리면 걸리는 족족 달은 잘 닦아놓은 백동 빛이다.

•끝물의 봄, 오동꽃

각북은 이름만으로도 격진의 유현한 정서를 품음직한 곳이다. 뿔의 북쪽 가장 위뜸에 나의 우거가 있다. 솔내松川 또는 솔안松內이라는 정겨운 이름의 동네다. 솔밭 사이로 냇물이 흘러 '솔내'고, 솔밭 안쪽에 있다고 '솔안'이다. 워낙 으늑해서 동구 바깥 쪽에서는 잘 안 보인다. 들목에 세월의 더께가 켜켜이 앉은 커다란 돌무지도 있다.

마을 뒤쪽으로 재넘이길이 나 있다. 길은 비슬산의 동남쪽 산록을 감아 돌아 헐티재에 닿는다. 해발 535 미터. 걸어서 넘나들기에는 결코 녹록지 않은 높이다. 잿마루를 넘으면 멀리 대처로 나가는 길이 이어진다. 산을 내려가는 냇물을 따라 길게 팬 골짜기를 천천히 돌아나가는 길. 내가 기다리는 이들은 거개가 이 길을 거슬러, 숨찬 고갯길을 넘어온다.

헐티재 남녘은 온전히 각북 땅이다. 잿마루에서 등성이를 몇 굽이인가 돌아내려가면 즈믄 해를 견뎌온 옛 절이 있다. 일찍이 신라 때 화엄십찰의 하나인 비슬산 옥천사玉泉寺다. 고려 말엽 일연스님이 이곳에 머물면서 절을 중창하고 지금의 이름인 용천사湧泉寺로 바꾸었다고 한다. 이름이 바뀌어도 샘 泉 자를 그대로 둘 만큼 이 절간의 샘물은 유난하다. 물이 차고 맑으니 '옥천'이요, 아무리 가물어도 늘 일정한 양이 치솟으니 '용천'이다.

이태 전에 쓴 「오동꽃을 보며」에 나오는 '윗녘 윗절'이 바로 그 절집이다. 비슬산은 골짜기 곳곳에 마을을 베풀었고, 그곳에 사는 이들은 거의가 용천사에 이름을 올리고 있다. 그러니까 마을 사람들한테는 절집이 곧 발복의 기도처요, 지친 심신이 기댈 언덕인 셈이다. 4월 초파일이나 7월 백중 같은 때면 근동의 사람들이 비빔밥 그릇을 들고 모여 정담을 나누는 모습을 어렵잖이 볼 수 있다.

오동꽃이 피면 봄도 하마 막바지다. 눈록도 유록도 어쩔 수 없이 갈맷빛의 침윤을 받아들이는 눈치다. 마을에서 오르는 산길에는 네댓 그루 오동나무가 서 있다. 오동나무는 유독 산길 가까이 다가선 채 등을 단다. 오동나무가 서둘러 등불을 밝혀 들면 산길은 일순 고요해진다. 겨울이 지나고 봄 한 철이 다 가도록 풀지 못한 산길의 빗장이 마저 풀리는 것도 이 무렵의 일이다.

해마다 5월이면 오동나무는 가지마다 햇전구를 갈아 끼운다. 갈아 끼우는 건 틀림없는데, 산밑에 살면서도 나는 아직 누가 전원을 넣는지를 모른다. 초파일날 윗녘 윗절을 다녀가던 관세음보살이 슬며시 스위치를 켜두고 간 것은 아닐까. 층층이 밝혀 든 오동꽃의 불빛은 연보랏빛이다. 연보랏빛 향기가 온 골짜기 초록의 속살을 간질이며 퍼져간다. 골짜기 가장 낮은 곳을 흐르는 물소리에도 시나브로 오동꽃 향기가 내려앉는다.

오마지 않은 누군가를 기다려본 이는 안다. 까투리도 알을 품다 지친 이승의 더딘 봄을. 그 긴긴 봄날의 하염없는 기다림이라니. 그럴 때 산길에서 만나는 오동꽃과 나의 상거相距는 좀 막연해진다. '나 예서 오동꽃까지는 나절가웃 길'이 되는 것이다. 실체가 분명하지 않기에 더욱 막막한 기다림 끝에 감겼다 풀리는 길. 그 길 끝에 난만한 가려움증의 봄, 끝물의 봄.

오동꽃 필 때면 뻐꾸기 울고, 뻐꾸기 울 적에 오동꽃 핀다. 뻐꾸기는 오동꽃이 피기를 기다리고, 오동꽃은 뻐꾸기가 울기를 기다린다. 오동꽃은 갓밝이도 좋지만 저물녘도 좋다. 꽃만 좋은 게 아니라 잎은 잎대로 열매는 열매대로 좋다. 큰 잎들이 너울거리면 너울거리는 그 모습이 좋고, 동지 섣달 마른 열매들이 달각거리면 달각거리는 그 소리가 또한 좋다. 더구나 오동꽃에 거문고나 설장구 소리가 갈마들거나 달무리라도 진다면, 그 정취를 혼자서 견디기는 쉽지 않은 노릇이다.

꽃이 지고 나면 오동나무는 유달리 큰 잎의 그늘로 산다. 그늘 속에 해가 뜨고 달이 진다. 달이 지면서 는개가 오고, 해가 뜨면서 안개가 걷힌다. 속절없는 기다림의 세월은 그렇게 속절없이 가고 또 오리니. 마침내 내 세속의 시간은 일엽지추一葉知秋의 상념 속에 저물어 갈 것이다.

하늘에는 하현의 낮달이 지나간다. 구만리장천, 그 아득히 높고 먼 길을 가다 말고 문득 오동나무 가지에 내려앉는 달. 오동꽃의 잔향이라도 훔쳐 맡는 것일까. 낮달의 정서는 아무래도 허기에 가깝다. 핏기 잃은 낯빛이 허천난 그리움의 정회를 더하는 까닭이다. 그런 날, 오래 불 켜든 오동꽃이 이울기라도 한다면 어쩔 텐가. 날은 이미 저물어 저녁 상머리 숭늉 그릇도 헤식은 것을. 헤식은 숭늉 그릇에 이 산 저 산 떠돌며 먹피를 쏟던 뻐꾸기 울음만이 남는다. 그 울음의 잔뼈만이 남는다.

만인사가 펴낸 박기섭의 시집

하늘에 밑줄이나 긋고(2003)
엮음 愁心歌(2008)
가다 만 듯 아니 간 듯(2012)

만인시인선 41
角北

초판 1쇄 2015년 1월 25일
초판 2쇄 2015년 12월 5일

지은이 / 박 기 섭
펴낸이 / 박 진 환

펴낸 곳 / 만인사
출판등록 / 1996년 4월 20일 제03-01-306호
주소 / 700-813 대구광역시 중구 명륜로 116
전화 / (053)422-0550
팩스 / (053)426-9543
전자우편 / maninsa@hanmail.net
홈페이지 / www.maninsa.co.kr

ISBN 978-89-6349-072-4 03810

값 8,000원

* 이 도서의 국립중앙도서관 출판시도서목록(CIP)은 서지정보유통지원시스템 홈페이지(http://seoji.nl.go.kr)와 국가자료공동목록시스템(http://www.nl.go.kr/kolisnet)에서 이용하실 수 있습니다(CIP제어번호 : CIP2015002414).